RÉFLEXIONS

SUR

LES PROJETS DE CAMPAGNE

PAR

FRÉDÉRIC II, ROI DE PRUSSE.

ON Y A JOINT

UN MÉMOIRE RAISONNÉ

DU

DUC DE BRUNSWIC

TOUCHANT LA CAMPAGNE 1792.

à TUBINGUE, chez J. G. COTTA.

1808.

AVIS AU LECTEUR.

C'eſt la première fois, que cet ouvrage de Fréderic II. Roi de Pruſſe paroît dans le public. Il ne ſe trouve pas dans les ouvrages poſthumes de cet illuſtre auteur. Il eſt vrai, qu'il a été imprimé en 1775; mais le Roi ne l'a communiqué qu'à peu de perſonnes. On y reconnoîtra l'empreinte du génie de ce grand homme. Ses maximes ont été negligées après ſa mort & la monarchie pruſſienne n'en a que trop reſſentie les ſuites funeſtes.

RÉFLEXIONS
SUR
LES PROJETS DE CAMPAGNE.

Vous voulez, que je vous indique les maximes, qui doivent fervir de bafe aux projets de campagne. Je dois me borner, pour vous fatisfaire, à réfumer quelques règles généralement applicables: il en faut de différentes pour la guerre offenfive, pour celle, qui fe fait entre puiffances égales, & enfin pour la guerre défenfive. *On doit furtout faire attention à la nature du pays où l'on porte la guerre;* s'il eft arrofé de rivières, ou s'il eft chargé de bois, s'il eft coupé ou s'il vous offre de grandes plaines, s'il eft défendu par des forterefles ou dépourvu de places fortes, s'il eft rempli de rochers & de montagnes, s'il eft loin ou dans la proximité de la mer. Il faut donc, pour préalable, que celui, qui veut former un projet de campagne *ait une connoiffance exacte des for-*

ces de son ennemi, des secours qu'il peut tirer de ses alliés; il doit comparer les forces ennemies avec les siennes & avec ce que ses amis lui peuvent fournir de troupes, pour juger par-là de quel genre sera la guerre qu'il veut entreprendre. Il y a des pays ouverts, où avec des forces égales on peut se promettre de grands succès; il y en a d'autres pleins de défilés & de postes qui demandent une grande supériorité de forces, pour y faire une guerre offensive.

Gardez-vous bien de vous contenter d'idées vagues sur ces objets, qui demandent surtout des idées nettes, claires & précises. Si vous connoissez mal l'échiquier, les pions & les Officiers, il y a bien apparence, que vous ne gagnerez pas de partie aux échecs. Or la guerre est d'une bien autre importance que ce jeu. Nous examinerons en général quelles règles doivent être suivies constamment dans les trois guerres; offensive, à puissances égales & défensive: commençons par l'offensive. La première chose, comme je l'ai dit, est de comparer toutes les forces des ennemis, conjointement avec celles de leurs alliés, aux vôtres & aux secours, que vos alliés vous fourniront. Il faut une *connoissance parfaite des pays* dans lesquels vous allez porter la guerre, pour en connoître les postes, les marches, que vous pourrez y faire, & pour juger d'avance des camps que l'ennemi pourra prendre pour déranger vos projets; il faut surtout penser à vos subsistances, car une armée est un corps, dont le ventre est la base. Quelque beau dessein que vous ayez imaginé, vous ne le pourrez pas mettre en exécution, si vos soldats n'ont pas de quoi se nourrir; vous devez donc y pourvoir d'avance, former vos magazins & arranger vos dépôts dans le pays où vous portez la guerre, afin que ces magazins soient à portée des endroits où vous comptez d'agir. La première maxime pour une guerre offensive, est de former de grands projets, pour que s'ils réussissent, ils ayent de grandes suites. Entamez l'ennemi dans le vif, & ne vous contentez pas de le harcéler sur ses frontières. La guerre ne se fait que pour obliger le plutôt possible l'ennemi à souscrire à une paix avantageuse : cette idée ne doit pas se perdre de vue.

Quand votre projet est fait, & que vous avez des subsistances pour l'exécuter, vous devez rafiner sur tous les moyens imaginables de le cacher à votre ennemi, pour qu'à l'ouverture de la campagne, vos mouvements lui donnent le change & lui faſſent ſoupçonner des deſſeins tout différents des vôtres: rien ne dérange davantage ſes meſures, rien ne l'engagera à commettre plus de faux pas, & c'eſt à vous d'en profiter dans la ſuite.

Avant d'entrer en action, il faut ſans ſe flatter & ſans indulgence pour ſoi-même, examiner de ſang froid tout ce que l'ennemi pourroit entreprendre pour contrecarer votre projet, & réfléchir, dans tous les cas différents, quels moyens vous reſtent pour remplir votre but, malgré toutes ſes oppoſitions. Plus vous vous repréſentez de difficultés d'avance, & moins vous ſerez ſurpris de les rencontrer en exécutant; de plus, vous avez déjà penſé à tête repoſée à ces obſtacles & vous avez aviſé de ſang froid aux moyens de les éluder, deſorte que rien ne pourra vous étonner. Telle à peu-près étoit l'expédition de Louis XIV. contre les Hollandois l'année 1672. L'entrepriſe auroit été glorieuſement terminée, ſi les François s'étoient d'abord rendus maîtres des écluſes de Narden & de Muyden, ce qui les auroit rendu maîtres d'Amfterdam , & fi l'armée françoife ne s'étoit point affoiblie par le nombre de garnifons qu'elle mit jufques dans les plus petites places.

Les projets de campagne, par lefquels on fe propofe d'attaquer l'ennemi par deux, trois ou plus d'armées, font plus fujets à ne pas réuffir que ceux où une armée feule agit. Il eft plus difficile de trouver trois bons Généraux que d'en trouver un; de plus, fi vous vous propofez de faire de grands efforts dans une province, l'ennemi qui eft libre, fe propofe d'en faire fur une autre de fes frontières. Il arrive donc fouvent qu'une de vos armées battues, vous oblige de lui envoyer des fecours. Vous êtes obligé d'affoiblir votre armée principale, & dès lors tout votre projet défenfif fe réduit à rien; vous vous trouvez fur la défenfive à l'endroit où vous vouliez frapper les plus grands coups, & vous êtes néceffité de renforcer un général battu dans une province où votre intérêt n'exigeoit point que vous fiffiez des efforts. Il n'y a qu'à relire des projets de la cour de Verfailles, qui fe trouvent à la tête de chaque campagne, dans l'hiftoire militaire de Louis XIV. par Quincy, pour fe convaincre de cette vérité.

Aucune des campagnes ne répond aux projets que les Miniftres & les Généraux avoient formés. Mais d'où cela venoit-il? Car les fautes des autres nous doivent fervir d'avertiffement pour n'y point tomber: c'eft de s'être trop flatté de fuccès; c'eft pour n'avoir pas affez penfé aux moyens de l'ennemi, aux démarches qu'exigeoit fon intérêt, enfin aux entreprifes les plus dangereufes contre les intérêts de la France que ces ennemis pouvoient exécuter. Voilà pourquoi je recommande fi fort de ne point être fuperficiel, mais d'examiner & d'imaginer tout ce qu'il eft poffible que l'ennemi entreprenne contre vous.

Otez au hazard tout ce que vous pouvez par votre pénétration & par votre prudence, il ne confervera encore que trop d'influence dans la guerre. Il arrive que des détachements font battus, foit par la faute de l'officier qui les commande, foit par la fupériorité de l'ennemi qui les attaque: des places peuvent être furprifes, des batailles être perdues, ou parce que des têtes fe détraquent, ou par la bleffure ou la mort d'un officier général inftruit des difpofitions de la bataille, ce que les autres Généraux de cette aile ayant ignoré, ne fuivent point par conféquent l'intention du Général; c'eſt pourquoi il ne faut jamais chanter victoire avant d'avoir chaſſé l'ennemi du champ de bataille. Si vous aimez mieux les exemples que les règles, je m'en vais eſquiſſer un projet de campagne en m'aſſujetiſſant aux maximes que je viens d'établir.

Suppoſons que la Pruſſe, l'Autriche, l'Empire, l'Angleterre & la Hollande euſſent formé une alliance offenſive contre la France: voici comment il faudroit procéder, pour concerter un projet de campagne ſolide & bien raiſonné. Je ſais que la France peut mettre en campagne 180,000 hommes, que ſa milice, conſiſtant en 60,000 combattans, peut ſervir à garnir les trois rangées de fortereſſes qui bordent ſes frontières. Je ſais que le Roi d'Eſpagne, ſon allié, peut lui fournir 40,000 hommes, le Roi de Naples 10,000 & celui de Sardaigne 40,000. Somme totale 270,000 hommes, outre ce qui garde les fortereſſes: je ne compte que les combattans. A cela les alliés pourront oppoſer; la Pruſſe 150,000 hommes, la maiſon d'Autriche 160,000, les Cercles de l'Empire 40,000, l'Angleterre 20,000, la Hollande autant outre leurs flottes, qui doivent concourir à faciliter les opérations des armées.

Les alliés affembleront donc 390,000 combattans, d'où il refulte que les alliés auront fur les François une fupériorité de 120,000 hommes. Je fais encore que les finances de la France font entièrement dérangées, & qu'à peine pourra-t-elle fournir aux dépenfes de trois campagnes; que l'Efpagne, qui s'eft épuifée par fes armements contre les Maroquins & les Algériens, ne pourra pas foutenir la guerre plus long-tems, & que le Roi de Sardaigne eft perdu, fi quelque puiffance ne lui fournit des fubfides confidérables. Refte donc à délibérer comment on attaquera la France, & de quel côté on lui portera le coup le plus fenfible; je crois, que ce fera par la Flandre, comme j'en expoferai dans peu les raifons. J'affigne donc 100,000 hommes pour attaquer les états du Roi de Sardaigne par les Milanois. Cette armée trouvera 90,000 tant Sardois, qu'Efpagnols & Napolitains à combattre. J'affigne une feconde armée de 110,000 foldats pour attaquer les François dans l'Alface, ceux-là trouveront devant eux 80,000 François. La plus grande armée compofée de 180,000 foldats, je la deftine pour la Flandre, non pas pour livrer chaque année un combat & prendre une couple de places, ce qui emporteroit fept ou huit campagnes, mais pour pénétrer dans le coeur du royaume, s'avancer fur la Somme, & menacer en même tems la capitale.

Voici le but de ce projet : les François attaqués dans leurs foyers, abandonneront bientôt la Flandre pour défendre Paris, les places ne feront gardées que par des milices qu'il fera facile de fubjuguer, & peut-être affoibliront-ils confidérablement l'armée d'Alface, pour mieux fecourir Paris, ce qui fourniroit de ce côté-là aux alliés les moyens d'avoir de grands fuccès; tandis qu'en Flandre avec un corps de 40,000 hommes, on pourroit prendre les principales fortereffes qu'on a laiffées fur fes derrières.

En vous faifant le détail de ce projet, je dois vous prévenir, que n'ayant jamais vû la Flandre, je me dirige par des cartes, qui peut-être ne font pas exactes.

Les magazins principaux de l'armée doivent être formés à Bruxelles, Nieuport & Turnes. L'armée s'affemblera près de Bruxelles & fe portera fur Tournay, pour donner aux François des jaloufies fur Lille & fur Valenciennes.

Il faut chercher à combattre l'ennemi pour gagner fur lui une fupériorité décidée, enfuite former le fiège de St. Vinox, & après celui de Dunkerque, dans lequel on pourroit être affifté par la flotte angloife. Ce font à peu-près les opérations qui rempliroient toute la campagne, quoique fi cela étoit poffible, il faudroit encore affiéger & prendre Gravelines. A préfent, examinons ce que les François pourroient oppofer à ces projets. Il paroît indubitable, que fe voyant au moment d'être attaqués en Flandre, ils fe propoferont de prévenir leurs ennemis. Ils peuvent faire le fiège de Tournay où de Mons, avant que les grandes forces des alliés foyent raffemblées; iis peuvent fe pofter à Oudenarde, pour vous obliger de ne pas trop vous éloigner de Bruxelles, de crainte de perdre vos convois; ils pourroient encore prendre un camp fur l'Efcaut entre Conde & St. Guillain; qui fait même, s'ils n'effayeroient pas de s'emparer de Bruxelles avant l'arrivée des alliés? Dans toutes ces fuppofitions, les alliés doivent débuter par une bataille. Il eft peu de poftes que l'on ne puiffe tourner, & c'eft de la décifion de la bataille dont tout dépend; fi c'eft une affaire décifive, Bruxelles même feroit dans peu repris.

Pour Mons & pour Tournay, il faut les laiffer aux François, & ne pas déranger fon objet principal pour des bagatelles. En opérant du côté de Vinox & de Dunkerque avec 120,000 hommes, il vous en refte encore 60,000 qui peuvent couvrir Bruxelles & vos derrières, & la flotte angloife vous fournira vos vivres, tirés de vos magazins de Nieuport. La feconde campagne fera plus difficile que la première, parceque vous avez découvert vos deffeins, & que l'ennemi devinant vos vues, voudra s'y oppofer. Sans doute qu'il fe choifira quelque camp fort pour vous arrêter en chemin. C'eft alors a rafiner aux moyens de le dépofter & de le combattre, pour affiéger Gravelines, enfuite Bourbury, où la flotte angloife abordant dans le port de Gravelines, vous fourniroit des vivres. Delà vous devez vous porter fur Montrevil, où la flotte angloife, entrant dans l'embouchure de la Canche, vous apporteroit vos provifions. Si l'ennemi veut encore vous arrêter plus en avant, il faut le dépofter, s'avancer fur Abbeville, & la flotte angloife à l'embouchure de la

Somme pour que vous ne manquiez point de magazins. Vous objecterez peut-être que je laiffe trop de places fortes derrière moi; mais il me refte encore 60,000 hommes, dont 20,000 occuperont mes derrières aux endroits convenables, & 40,000 affiégeront des places défendues par des milices, comme Caffel, Aire, St. Omer. Comptez que toute l'armée françoife dès la feconde campagne abandonneroit bien vite la Flandre pour couvrir Paris, & qu'en agiffant avec vigueur contre cette armée, le miniftère françois fe hâteroit conclure la paix. Suppofé que l'on prit Paris, il faudroit bien fe garder d'y faire entrer des troupes, parcequ'elles s'amolliroient & perdroient la difcipline: il faudroit fe contenter d'en tirer de groffes contributions. Pour que ce projet de campagne devînt folide, on auroit la prévoyance d'envoyer de bons Officiers, Ingénieurs & *Quartiers-Maîtres*, qui voyageant déguifés en marchands, parcoureroient tous ces lieux, pour rectifier ce qu'il pourroit y avoir de défectueux dans ce projet, tant pour le terrein que pour les places que l'on fe propofe de prendre, qu'également pour les ports, qui ne me font point affez exactement connus. Pour

éviter

éviter les fautes où l'ignorance du pays m'a peut-être fait tomber, je vous efquifferai un projet de campagne pour un terrain qui m'eft beaucoup mieux connu. Suppofons qu'il s'élévât une guerre entre la Pruffe & la Maifon d'Autriche: on fait que la Maifon d'Autriche peut mettre 180,000 hommes en campagne; fuppofons encore qu'elle fe trouve depourvue d'alliés & de fecours étrangers. La Pruffe peut former une armée de 180,000 hommes, la Ruffie y doit joindre 30,000 hommes d'auxiliaires. Les régiments de garnifon font fuffifants pour bien garnir les fortereffes les plus expofées. Il eft évident par cet efquiffe que les Pruffiens feront fupérieurs de 30,000 hommes à leurs ennemis. Lors s'éleve la queftion quel fera l'objet de cette guerre? Et comme il s'agit d'affoiblir la Maifon d'Autriche, quelle province fera-t-il plus avantageux de démembrer de fa monarchie? Il faute aux yeux, que ce ne fauroit être la Moravie, qui fe trouve enclavée entre la principauté de Tefchen, la Hongrie, l'Autriche & la Bohème, dont il feroit impoffible de foutenir la poffeffion.

Il n'en eft pas de même de la Bohème, qui une fois détachée de l'Autriche, pourroit, en y

B

faifant quelques châteaux dans les montagnes qui vont verfer en Autriche & fur les frontières de la Baviere, offrir une défenfe confidérable à ceux qui voudroient y pénétrer.

La connoiffance que j'ai de ce royaume m'apprend, qu'on ne le prendra jamais en y portant la guerre. En voici la raifon: la Bohème eft enceinte d'une chaîne de montagnes qu'il faut néceffairement paffer, fi on y veut pénétrer; il ne dépend donc que de l'ennemi de faire occuper, par un gros détachement, les gorges, où vous avez paffé, pour vous couper de vos vivres & de vos derrières. Mais en fuppofant que l'ennemi ne s'avife point de prendre ce parti, vous vous engagez dans un pays hériffé de montagnes & de défilés, où l'ennemi peut vous arrêter d'un mille à un autre, où il eft prefque impoffible qu'il fe donne des batailles decifives, vu les montagnes & les bois qui couvrent les vaincus. Suppofé même, que favorifé par une fuite de fuccès, vous vous rendiffiez maître de Prague, alors vous êtes dans l'embarras, ou de vous affoiblir confidérable- ment par la forte garnifon, que vous y laiffez pour couvrir vos vivres, ou y laiffant peu de

monde, d'expofer vos magazins à la merci de
la première entreprife que fera l'ennemi pour
furprendre cette capitale. Il faut donc recourir
à d'autres moyens pour faciliter la conquête de
ce royaume. Le plus fûr, quoique de difficile
exécution, eft de porter la guerre fur le Danube, afin d'obliger par-là la cour de Vienne
de retirer fes principales forces de la Bohème,
& par-là de donner la poffibilité à l'armée qui
doit y pénétrer, d'exécuter le plan dont elle eft
chargée; c'eft fur toutes ces réflexions que j'é-
tablis à préfent mon projet de campagne. La
diftribution de l'armée fe doit faire de telle forte, que 110,000 Pruffiens & 30,000 Ruffes s'af-
femblent en Haute-Siléfie, dont 10,000 feront
deftinés à défendre Silberberg, & la principauté
de Glatz, ou de fe porter vers Landshut au
cas que l'ennemi voulut tenter quelque entreprife de ce côté.

Trente mille hommes feront deftinés à pénétrer par des partis dans la principauté de Tefchen, & furtout pour affurer les convois de
l'armée, dont le magazin doit être à Cofel. La
grande armée s'avancera fur Neuftadt, pour que
l'ennemi trompé par cette démonftration, fe pré-

pare à défendre les routes des montagnes, qui de Jägerndorf & de Troppau vont en Moravie, ou de border la Mora dont la rive escarpée est bordée de rochers.

L'armée de Saxe, forte de 60,000 Prussiens, désarmera les Saxons, si cela est nécessaire, & établira son camp entre Gishubel, Peterswalde &c. sur les montagnes; elle fera la guerre de partis en Bohème, & se contentera de donner de fréquentes jalousies à l'ennemi, comme si son dessein étoit de pénétrer dans ce royaume à la première occasion: ces partis pourroient aller du côté de Ducks, Töplitz, & s'étendre dans le cercle de Saatz, & peut-être pousser jusqu'à Egra. La grande armée de Siléfie, après que ses mésures seront toutes prises, ira se camper entre Troppau & Jägerndorf, prenant sa position entre ces deux villes; rien ne confirmera d'avantage l'ennemi dans l'opinion que les Prussiens passeront les montagnes pour s'avancer vers Olmütz. Alors il faut qu'on se porte par Holtchin, Fulnec & Weifskirchen; par ce détours, on évite & les défilés des montagnes & le mauvais passage de la Mora, & on entre par la plaine en Moravie. Alors les dépôts de vivres doi-

vent s'établir, foit à Fulnec, foit à Weiſskir-
chen, dans laquelle de ces deux villes il con-
viendroit le mieux, y faire des fortifications de
campagne, en y ajoûtant des fougaſſes, pour
que les ſubſiſtances ne couruſſent aucun riſque.
L'armée doit ſe porter de-là ſur Prerau ou
ſur Kremſier. Il eſt apparent que l'ennemi, ſe
voyant tourné par les Pruſſiens, abandonnera
en hâte les montagnes & la Mora. Il eſt difficile de deviner quel poſte il choiſira, mais ſelon
toutes les apparences il ſe déterminera à défendre la Mora, qu'il mettra au devant de ſon
front. Cette rivière eſt difficile à paſſer à cauſe
de ſes bords marécageux, & il eſt probable que
ce ſera la première chicane de l'ennemi que d'en
diſputer le paſſage; mais enfin il y a moyen à
tout, & ſelon les apparences, dès que les Pruſſiens auront paſſé cette rivière, les deux armées
en viendront aux mains. Si les ſuccès favoriſe
les armes de la Pruſſe, il faut tirer de cette victoire tout le parti poſſible en pourſuivant chau-
dement l'ennemi juſqu'aux premiers défilés con-
ſidérables que l'on rencontrera. Cela fait, il
faut détacher un corps pour enlever toutes les
moiſſons, beſtiaux & vivres autour d'Olmütz

à trois milles de diftance, & faire brifer tous les fourneaux des maifons, tant pour ôter ces fubfiftances à la place, que pour empêcher la garnifon l'hyver d'après, à faire des forties fur les troupes qui feront chargées de la bloquer. L'armée autrichienne battue, cherchera probablement un afyle fous les canons de Brünn; il ne faut point la laiffer tranquille, mais tâcher de lui intervertir les vivres qu'elle tirera de l'Autriche par Znaim. On pourroit dès lors détatacher de gros partis fur la Teya qui pourroient même pénétrer jufqu'aux environs du Danube. Si la campagne commence au mois de Juin, qu'on bloque bien étroitement la ville d'Olmütz, au mois de Mars de l'année fuivante, elle aura été dépourvue de tout fecours pendant dix mois, & il fe pourroit que la famine obligeât le Commandant à fe rendre, ou qu'il capitule après une legère défenfe. Cette bataille perdue obligeroit néceffairement la Cour de Vienne de renforcer fon armée en Moravie, celle de Bohème lui enverroit de gros détachements, & ce moment ferviroit de fignal pour l'armée de Saxe, afin d'entrer en action. La campagne d'après, il faudroit tourner les ennemis dans leur poſte, tâcher de leur enlever des corps, ou de les battre, & pouſſer avec force la guerre vers la Teya & les bords du Danube.

L'armée de Saxe pouſſeroit devant elle l'ennemi avec force, prendroit Prague, où l'on jetteroit les 10,000 hommes que l'on tireroit de Silberberg, & l'armée de Bohème en son entier pourroit pouſſer par Budweis & Wittingen vers Lintz ſur le Danube. Cette poſition priveroit l'armée autrichienne de tous les vivres qu'elle tire du Haut-Danube, & les 30,000 hommes de la grande armée qui ſervoient à couvrir ſes derrières, n'y étant pas tous néceſſaires, on pourroit, en cas que l'on eût eu de grands avantages, les détacher par Scalitz ſur Presbourg. L'embarras des Autrichiens deviendroit extrême, & je crois que dans une telle poſition, où ils riſqueroient de perdre Vienne, ils donneroient les mains à telle paix qu'on voudroit leur propoſer. Je conviens que ce projet eſt hériſſé de grandes difficultés qu'il faut du bonheur pour le mener à une fin heureuſe; mais ſoit politique, ſoit guerre, ſoit toutes les opérations humaines fondées ſur des contingents futurs & ſur le calcul des probabilités, aucun ne réuſſit dans ſes entrepriſes, à moins qu'il ne ſoit ſécondé de la fortune. Peut-être que ces projets vous paroiſſent trop grands & trop vaſtes. Ne croyez pas que je ſuis le ſeul qui en fait de pareils: je n'ai qu'à vous rappeller quelques projets du Prince Eugene, *dont le grand génie ne ſe conten-toit pas de petits objets, mais qui tendoit à frap-per des coups déciſifs & qui fixaſſent le deſtin des trônes & des nations.* Vous pourrez lire dans l'hiſtoire de ſes campagnes ce que je me contente de vous indiquer ici en peu de mots. Ce héros voulut ſurprendre Crémone, qui étoit le quartier général des François: il pénétra dans la ville, mais il ne pût s'y ſoutenir, parceque des détachements qui devoient contribuer à cette ſurpriſe arriverent trop tard. Le coup manqua; mais ce n'eſt pas de quoi il s'agit.

Examinons quelle ſuite auroit eu la priſe de Crémone, ſi le Prince Eugene avoit pû la conſerver premièrement il auroit eu toute la Généralité françoiſe priſonniere, perſonne n'auroit été en état de donner des ordres aux troupes diſperſées en cantonnement; il feroit fondu ſur cette armée éparpillée, l'auroit détruite en détails, & le reſte fugitif auroit été trop heureux de regagner les Alpes par bandes, pour fe fauver en France. Ainfi *un feul quartier de l'armée* françoife enlevé, pourgeoit toute la Lombardie de troupes françoifes, & remettoit le Mantouan, le Milanois & le Parmefan fous la domination autrichienne. *Il n'eft encore point né d'homme dont tous les projets ayent réuffi. Si vous n'en concevez que de petits, vous ne ferez jamais qu' un homme médiocre, & fi de dix grandes entreprifes où vous vous engagez, il ne vous en réuffit que deux, vous immortalifez votre nom.* Mais fi le Prince Eugene manqua fon coup fur Crémone, il s'en dédommagea bien dans la fuite, par cette belle & favante marche qu'il fit fur Turin, laiffant derrière lui des détachements de l'armée françoife, pour forcer Mr. de la Feuillade dans fes retranchements de Turin, & purger l'Italie, par ce feul coup, des François, qui au commencement de la guerre de 1701. en étoient les maîtres. Un projet à-peu-près femblable fût celui d'attaquer les François & les Bavarois à Hochftedt, où ils furent battus: la perte de cette bataille les força d'abandonner la Bavière & la Souabe, & ils ne fe crûrent en fûreté qu'après avoir repaffé le Rhin. Je vous cite toujours

le Prince Eugene comme le plus grand guerrier
de ce fiècle. Suivez-le en Hongrie; voyez-le
entreprendre le fiège de Belgrade, voir fon armée affiegée par les Turs, attendre patiemment
qu'ils euffent en partie paffé un petit ruiffeau qui
les féparoit de fon armée, marcher alors à eux
& remporter une victoire decifive, qui obligea
le Grand-Seigneur à faire la paix en cédant de
belles provinces à l'Empereur. Quiconque lit
les campagnes du Prince Eugene, ne doit pas
fe borner à charger fa mémoire de faits militaires; il doit s'appliquer furtout à bien approfon-
dir fes grandes vues, & furtout à apprendre à
penfer même. Il ne fuffit pas d'avoir étudié,
dans la perfonne du Prince Eugene, le modèle
des grands Généraux, il ne fera pas moins
utile d'examiner les fautes que les Miniftres des
cours, ou les Généraux ont faites par défaut de
jugement & de connoiffances, en concertant mal
leurs entreprifes; ces exemples ne font qu'en
trop grand nombre. Je ne fouillerai point dans
l'antiquité, pour vous rappeller les bévues des
tems paffés, je ne vous citerai que des fottifes
modernes dont le fond des événements vous eft
plus familier & mieux connu.

Charles XII. fe préfente d'abord à ma mémoire, le Général le plus brave & le moins conféquent que peut-être il y ait jamais eu. Vous
favez qu'il battit les Ruffes à Narva. Les raifons politiques & militaires vouloient que dès
l'arrivée du printems, il marchât dans l'Eftonie,
qu'il en chaffât le Czar, reprit Petersbourg, &
forçât ce Prince à faire la paix, en le refferrant
dans fes anciennes limites. Vous voyez qu'il eft
évident, qu'après avoir vaincu fon ennemi le
plus dangereux, il étoit enfuite le maître de
difpofer de la Pologne felon fa volonté, car
perfonne ne pouvoit lui réfifter; mais que fait-
il? Loin de fuivre un deffein auffi raifonnable,
il s'avife de guerroyer contre les Palatins pólo-
nois, de chaffer de côté & d'autre des poignées
de Saxons, & de laiffer ainfi au Czar le tems de
dreffer fes troupes, d'attirer d'habiles Généraux
à fon fervice, d'emmener & d'arranger toutes
les caufes qui devoient préparer fa défaite totale
à Pultawa. Et que dirons nous de cette marche de Charles XII. en Ukraine, pour pénétrer
de-là à Mofcow? Si jamais projet a été conçu
contre la raifon & le bon-fens, c'eft certainement celui-là. Son deffein étoit de détrôner le

Czar; ce deſſein étoit au delà de ſes forces, à peine avoit-il 30,000 hommes pour l'exécuter, il falloit donc y renoncer; car à la guerre, comme dans toutes les actions de la vie, l'homme ſage peut entreprendre des choſes difficiles, mais il ne doit jamais s'engager dans des projets impracticables, ce n'eſt pas tout. C'eſt une règle à la guerre, qu'il ne faut jamais pouſſer des pointes, & que les guerres entrepriſes proche des frontières, réuſſiſſent toujours plus heureuſement que celles où les armées s'aventurent trop loin. On appelle pouſſer des pointes, lorsque l'armée, en s'éloignant de ſes magazins, s'aventure trop en avant dans le pays ennemi, ſans aſſurer ſes derrières & ſans avoir pourvû à leur ſûreté. Or, qui jamais abuſa plus groſſièrement de la manie des pointes que Charles XII? En Ukraine il étoit totalement coupé de la Suéde, privé des ſecours de ſa patrie, ſans magazins & ſans moyens d'en pouvoir amaſſer. Il y a de Pultawa à Moſcow environ 100 milles d'Allemagne, il lui falloit 45 jours de marche, ſuppoſé même que l'ennemi ne l'eût point arrêté en chemin. On ſavoit que le Czar avoit réſolu de dévaſter tout ſur ſon paſſage; les Suédois

devoient donc, pour entreprendre une telle expédition, au moins conduire avec eux pour
trois mois de vivres, du bétail à proportion &
beaucoup de munitions de guerre: il falloit au
moins 3000 chariots, qui chacun attelé de qua-
tre chevaux, font 12000 chevaux pour transpor-
ter ces provifions. Comment auroit on trouvé
ce nombre dans l'Ukraine, & fuppofé même
qu'on eût pû le raffembler, n'en refulte - t - il
point, que l'armée fuédoife auroit été obligée
de fervir d'efcorte à fes provifions, dont la perte
entraînoit celle de toute l'armée. Si Charles XII
avoit voulu porter quelque coup fenfible au Czar,
c'étoit par l'Eftonie, où il pouvoit être fécouru
par fa flotte de vivres & de munitions, & où
même il pouvoit recruter fon armée par fes milices finlandoifes. Les malheurs qui lui font
arrivés, il fe les eft attiré lui-même pour s'être
écarté de toutes les règles de la guerre, & pour
n'avoir fuivi que fon caprice. La guerre que
les Autrichiens entreprirent l'année 1736 contre
les Turcs, ne prit une fi mauvaife tournure pour
eux, que par les fauffes combinaifons par lefquelles ils la dirigerent. Le Prince Eugene con-
fidéroit le Danube comme la mère nourriciere

des armées qui agiſſoient en Hongrie, & il ne s'éloignoit de ce fleuve que le moins qu'il étoit poſſible. La cour de Vienne, qui ne connoiſ- ſoit pas même la Hongrie, fit des projets qui éloignoient tout-à-fait ſes troupes de ce fleuve; elle le changea les projets de campagne au beau milieu des opérations. Le premier venû, pour ainſi dire, qui imaginoit des chimères, influoit dans les ordres que l'Empereur Charles VI don- noit à ſes armées, & cela ruina toutes ſes affai- res: je ne diſſimulerai pas cependant, que la mauvaiſe conduite de ſes Généraux entra pour ſa part dans les malheurs, que cette guerre fit reſſentir à la Maiſon impériale. Si nous exami- nons attentivement les cauſes qui ruinerent les eſpérances, que la France formoit l'année 1741, d'abaiſſer la Maiſon d'Autriche, nous les trou- verons la plûpart dans les fauſſes meſures qu'el- le prit pour exécuter un auſſi grand deſſein. Les François vouloient démembrer la Monar- chie autrichienne, & en ſéparer la Baſſe-Autri- che, la Bohème, la Moravie & la Siléſie, dont les Pruſſiens venoient de s'emparer; ils comp- toient ſur le ſecours de 12,000 Bavarois, de 25,000 Saxons, ſans compter l'armée pruſſienne

qui en étoit aux mains avec les forces principales de la Maifon d'Autriche.

Plus les projets font grands, plus les moyens
qui concourent à les éxecuter, doivent y repon-
dre. Il auroit convenu aux intérêts de la France, qu'elle eût fait joindre l'Électeur de Baviere
par une armée de 80,000 hommes, tant pour
terminer cette guerre en une campagne, que pour
avoir, par ces nombreufes troupes, une prépondérance fur fes alliés: bien loin de prendre d'auffi
fages mefures, elle n'envoya que 30,000 hommes
pour attaquer la Reine de Hongrie dans fes états,
et pour écrafer la puiffante Maifon d'Autriche.
Encore auroit-elle pû réuffir, fi après la prife
de Lintz, les François & les Bavarois étoient
marchés droit à Vienne. Cette capitale prefque
fans défenfe, n'auroit pas réfifté long-tems.

Le Roi de Pruffe fe feroit certainement ap-
proché en hâte du Danube, & toutes les probabilités portent à croire que la France auroit dicté
les loix de la paix. Ou les François ne virent
point ces avantages, ou ils raifonnerent de tra-
vers; ce qui eft très-poffible; car après la prife
de Lintz, ils tournèrent fans raifon valable vers
la Bohème. Cette faute irréparable ruina leurs

grandes efpérances, & fût caufe de tous les malheurs qu'ils effuyèrent dans la fuite. Qu'on ap-
prenne par-là, combien une fauffe dialectique
eft pernicieufe dans ce métier; & qu'on appren-
ne à raifonner jufte. Remarquons à cette occafion, que les guerres qu'un Prince entreprend
loin de fes frontières réuffiffent rarement; parceque l'éloignement des lieux empêche les re-
crues, les remontes, les munitions & autres re-
nouvellements de l'armée, d'arriver affès à tems,
& que les communications quelquefois intercep-
tées, empêchent de lui faire paffer les fecours
néceffaires. Dans les guerres du genre offenfif,
il faut ou fournir tout ce qui eft néceffaire pour
de grandes entreprifes, ou fi l'on en manque, il
faut renoncer à ces vaftes deffeins. La guerre
qui fe fait à forces égales, eft d'un genre tout
différent de celle dont nous venons de parler.
Il faut borner fes deffeins à fes forces, & ne
point hazarder d'entreprendre ce qu'on n'a pas
les moyens d'exécuter. La Cour peut bien or-
donner au Général de faire fes efforts pour gag-
gner une telle rivière ou pour prendre une telle
ville, mais elle ne peut lui prefcrire aucun détail de fes opérations, parceque n'ayant pas des

troupes

troupes affez nombreufes, pour obliger l'ennemi
à régler fes mouvements fur ceux qn'il fera, il
doit fe procurer tous les avantages fur cet ennemi par fa rufe & par fon adreffe. C'eft dans
cette guerre qu'on tire plus d'utilité de la peau
du renard que de la peau du lion. Une méthode qu'on ne fauroit affez recommander, eft
d'entrer en campagne avant l'ennemi, parcequ'on
gagne du terrain, & que fouvent cela mene à
des furprifes, ou que cela donne lieu de battre
quelque corps détaché de l'ennemi.

Un général doit fans ceffe avoir la ferme ré-
folution de rendre de fa part la guerre offenfive fitôt que l'occafion s'en préfente.

Il faut bien cacher à l'ouverture de la campagne fes deffeins, donner le change à l'ennemi,
connoître, autant qu'on le peut, le Général qui
vous eft oppofé, pour être au fait de fa méthode & de fa façon d'agir; plus on le pénétre &
mieux réuffit-on à le tromper. On gagne la
fupériorité fur l'ennemi, ou en tombant à l'im-
provifte dans fes quartiers & en enlevant une
partie, comme l'exécuta le Maréchal de Turen-
ne, lorsque par Than & Béfort il fondit en Alface, enleva les quartiers de Mr. Bournonville,

& obligea le Grand Électeur, qui étoit à Colmar, à repasser le Rhin, soit en gagnant sur lui des batailles décisives, soit en lui enlevant ses magazins, enfin soit en se mettant sur ses communications, & l'obligeant par-là de reculer & de vous céder le terrain. On donne facilement des jalousies à son ennemi, lorsqu'on est dans un pays rempli de forteresses, & que par les mouvements bien calculés qu'on exécute, on en ménace plus d'une à la fois. Mais dans l'Empire, par exemple, cette sorte de guerre ne sauroit avoir lieu, & les jalousies que l'on peut donner aux ennemis, se bornent à ménacer ses dépôts de vivres, ou bien à se mettre sur ses communications; mais en menaçant les magazins & les communications de l'ennemi, il ne faut pas oublier de mettre les siens en sûreté.

Pour ne vous point fatiguer par une suite de règles générales, je vais vous citer l'exemple d'un Général habile, qui changea la forme de la guerre qu'il faisoit, par sa sagacité & par son génie.

Ce Général, c'est Mr. de Luxembourg: lisez sa campagne de l'année 1693, vous la trouverez dans l'histoire militaire de Louis XIV.

Le Roi avoit réfolu de faire la guerre offenfive en Flandre, enfuite il changea de deffein, & détacha 40,000 hommes de ce corps, qui fous les ordres du Grand Dauphin devoient marcher en Allemagne. Le Prince d'Orange, qui commandoit l'armée des alliés, étoit au camp de Parc, & paroiffoit fort embaraffé de foutenir à la fois Liege & Louvain, places que les François ménaçoient d'un fiège. Incontinent après le départ de ces 40,000 hommes, Mr. de Luxembourg prit le camp de Melder, & par cette pofition il maintint le Prince d'Orange dans fes inquiétudes. Ce prince envoya auffitôt 12,000 hommes pour occuper le camp retranché fous Liege. Bientôt Mr. de Luxembourg fit préparer un train d'artillerie à Namur, qui étoit alors aux François: fur cette nouvelle le Prince d'Orange envoye un nouveau renfort de troupes au camp de Liege, & vient fe camper auprès de la Gette, entre les villages de Landen & de Nervinde. Ce n'en étoit pas affez pour Mr. de Luxembourg, il voulût que fon ennemi s'affoiblit encore: il fit partir un gros détachement de fon armée, fous prétexte de marcher vers Chatellanies de Courtray, mais il avoit donné des ordres fecrets aux Généraux, de la façon dont ils devoient diriger leur marche: dès que le Prince d'Orange eût vent de ce détachement, il envoya le Duc de Wurtemberg, avec un corps confidérable; pour s'oppofer aux entreprifes des François. Alors Mr. de Luxembourg fe mit en marche; joint en chemin par fon détachement, il battit le Prince d'Orange à Nervinde. Cette victoire, & la fupériorité qu'elle lui donna fur les alliés n'étoient duës qu'à fon génie. Affoibli par les troupes que le Roi envoyoit en Allemagne, il étoit même inférieur en forces au Prince d'Orange, fon habileté le rendit fupérieur à fon ennemi, & il finit la campagne par le fiége de Charlerois qu'il prit. Cet exemple doit fans ceffe être préfent à l'efprit d'un Général qui agit contre une armée auffi forte que la fienne, non pas qu'il fe ferve de la même rufe, mais qu'il en employe de femblables, ou qu'il fe ferve de quelques uns des moyens que j'ai propofés au commencement de cet article. S'il falloit augmenter ces fortes d'exemples, je citerois la campagne de Mr. de Kevenhuller en Baviere, contre les François & les troupes impériales, qu'il furprit & battit à Pfilszhoven & à Deckendorf, obligea les François de repasser le Lech, & les troupes bavaroises d'accepter une espèce de neutralité.

Voilà des moyens pour se procurer une supériorité sur l'ennemi. Le lecteur concevra sans peine, que quiconque n'a pas une imagination féconde en ressources & en expédients, & ne pense & n'étudie pas le métier de la guerre, ne réussira jamais à faire de pareilles choses.

J'en viens à présent à la guerre défensive, qui demande encore plus d'art pour être bien conduite, que les deux genres que nous venons de traiter.

La guerre défensive a lieu par trois causes; l'une que vos troupes ne sont pas assez nombreuses pour agir vigoureusement contre l'ennemi; l'autre que vos troupes ont été découragées & affoiblies par quelque mauvais succès, & la troisième, que vous attendez des secours.

Une règle générale pour ces sortes de guerres, est de ne jamais se borner à une défense trop restrainte, & surtout de ne point perdre de l'esprit, l'idée de changer à la première occasion la défensive en offensive. Les Officiers ignorans croyent, qu'ils font bien la guerre dé-

fenfive, quand ils reculent toujours devant leurs
ennemis, pour éviter tout engagement, & il
leur arrive, comme au Duc de Cumberland,
qui ayant perdu par fa faute, & parcequ'il le
vouloit bien, la bataille de Haftenbeck, s'enfuit
jufqu'à Stade, fur le bord de la mer, où il
figna avec le Maréchal de Richelieu une capitu-
lation honteufe. Ce Prince, s'il avoit été Général, n'auroit pas abandonné trente milles de
pays auffi inconfidérement: il auroit au moins
dû difputer le terrain pied-à-pied, & n'abandonner que ce qu'il ne pouvoit maintenir: il
pouvoit par-là tirer la guerre en longueur, &
par conféquent, il auroit indubitablement trouvé des occafions à fe remettre en égalité avec les
François.

Il faut qu'un projet de défenfive foit pro-
fondement médité. Il fe trouve des poftes qui
couvrent des provinces entières, & d'où même
l'on peut donner jaloufie aux provinces ennemies.

Ces poftes doivent fe prendre; il faut les
occuper felon toutes les règles de l'art. Et comme on doit prévoir tout ce qu'un Général habile pourroit méditer contre l'intérêt de l'état,
on peut fuppofer, que par fes mouvements l'en-

nemi vous obligera à quitter vôtre point de défenfe: il faut d'avance avoir quelque autre camp,
foit à droite, à gauche ou bien en arrière, par lequel vous puiffiez le tenir également en échec.
Penfez toujours aux deffeins les plus dangereux
qu'on peut former contre vous, & tâchez d'a-
voir des moyens tout prêts pour éluder de telles entreprifes: fi l'ennemi les met en exécution,
vous ne ferez pas furpris, & vous lui oppofe-
rez de fang froid ce que vous aviez médité d'a-
vance. Quiconque ne fe flatte point prévoir
tout, eft rarement furpris, & trouve des reffources pour anéantir les coups les plus dangereux qu'on veut lui porter. Ne fondez jamais
votre défenfive fur des rivières, à moins qu'elles
ne coulent entre les rochers & qu'elles n'ayent
des rives efcarpées. On peut défendre une ri-
viere qu'on laiffe derriere foi, mais on n'a pas
encore réuffi à défendre celles qui font devant le
front des armées. Un Général, chargé d'une
guerre défenfive, doit veiller fur les moindres
fautes de l'ennemi, &, s'il peut, lui en faire commettre, pour profiter de fes moindres négligences. Tant que l'ennemi obferve les régles de
l'art; qu'il est vigilant, qu'il profite bien du ter-

rain, qu'il fe campe avantageufement, qu'il ne hazarde pas légérement fes détachements, qu'il couvre fes marches, qu'il les fait en bon ordre, qu'il affure fes fubfiftances, qu'il fourage avec précaution, il eft presque impoffible que le plus habile Capitaine puiffe l'entamer avec quelque efpoir de fuccès. Mais s'il fe néglige, s'il fait des fautes, ce font les occafions dont il faut pro-fiter, foit pour l'attaquer lui-même, fi fon camp eft mal pris, foit pour lui enléver quelque corps détaché qu'il ne fauroit foutenir, foit pour engager une affaire d'arrieregarde, fi fa mauvaife conduite y donne lieu, foit pour lui faire une guerre de fubfiftance, en lui enlévant des con-vois, en battant fes fourageurs, ou bien en pro-fitant de l'hyver pour tomber fur fes quartiers, s'il ne les a pas bien affurés. De petits fuccés multipliés font l'équivalent d'une bataille gagnée, & décident à la longue de la fupériorité. Je ne puis vous citer un plus bel exemple d'une guerre défenfive, bien conduite fur ces principes, que celui de la guerre de l'année 1758, où le Prince Ferdinand, à la tête des mêmes troupes avec lefquelles le Duc de Cumberland avoit fi lâche-ment combattu, tomba dans les quartiers de l'armée françoife, les chaffa du pays de Bronfvic & de Hannover, & les fit repaffer le Wefer, la Lippe & le Rhin en moins de deux mois d'opérations. Notez que dans toute cette armée, il n'y avoit de vrais Généraux que le Prince Ferdinand & le Prince héréditaire.

Les campagnes qu'il fit dans la fuite, quoique moins brillantes font du même genre, parceque les François n'avoient pas moins de 100,000 hommes en Allemagne, & que le Prince Ferdinand ne leur en pouvoit oppofer que 60,000. Cette infériorité, qui auroit découragé tout autre, ne l'empêcha pas de couvrir toute la Baffe-Saxe & une partie de la Weftphalie, contre les entreprifes des François, & de les battre quelquefois par deux reprifes dans le cours d'une campagne.

La façon dont le Prince Ferdinand conduifit cette guerre a rendu fon nom célébre. C'eft à de telles marques que l'on diftingue les véritables Généraux de ceux qui n'en portent que le nom: comparez fa conduite avec celle de tous ces Maréchaux que la France lui a oppofés, et vous verrez combien il leur étoit fupérieur. Lui feul valoit 40,000 hommes à l'armée des alliés. Un

autre exemple, mais moins brillant & d'un genre
fort inférieur, que je pourrois vous citer d'une
bonne défenfive eft celui de Charles Émanuel
Roi de Sardaigne. Il défendit bien le paffage
des Alpes l'année 1747, & ayant occupé avec
beaucoup d'art & de fagacité le col de l'affiette,
il annéantit par cet obftacle, qu'il leur préfenta,
les deffeins des Espagnols & des François.

Le Chevalier de Belleisle, qui commandoit
les alliés, attaqua trop à la légere ce poste important, fes troupes furent partout repouffées,
& il y perdit la vie. Les François & les Efpagnols repafferent le Var, & le Roi de Sardaigne
eût la gloire d'avoir préfervé, pour cette campagne, fes états des inondations des ennemis. Ces
avantages n'étoient dûs qu'au choix judicieux d'un
pofte inexpugnable, & aux bonnes mefures qu'il
avoit prifes. Si une armée eft réduite à la défenfive, par quelque échec ou par une bataille
perdue, la règle et l'expérience demandent qu'on
fe retire après une défaite *le moins que poffible;*
il est bien rare qu'il ne fe rencontre quelque
pofte, à une demi lieue d'un champ de bataille;
c'eft là qu'il faut s'arrêter. En voici les raifons:
plus vous fuyez, plus vous augmentez vos per-

tes; des bleſſés, qui ſe traînent avec peine une demi lieue, ne peuvent vous ſuivre deux lieues, & ſont par conſéquent pris par l'ennemi; plus vous abrégez le chemin de vôtre retraite, moins vos ſoldats ſe débandent. Obſervez encore, qu'en cédant peu de terrain à l'ennemi, vous diminuez de beaucoup ſa victoire, car on ne fait la guerre que pour gagner du pays.

Ajoutez ſurtout à ces réflexions, que jamais armée n'eſt moins diſpoſée à ſe battre qu'immédiatement après des victoires: tout le monde rit aux anges, chacun exagere ſes haut-faits d'armes, la multitude eſt charmée d'être heureuſement ſortie des grands dangers, aux-quels elle a été expoſée, & perſonne n'a envie de les affronter ſur le champ; *aucun Général ne ramenera le lendemain ſes troupes victorieuſes au feu.* Vous pouvez donc demeurer en toute ſûreté dans vôtre camp, & donner à vos troupes le tems de ſe reconnoître. Les ſoldats ſe racoûtumeront à la vuë de l'ennemi, & dans peu les eſprits ſe remettront dans leur aſſiette naturelle. Si votre ennemi eſt fort de 60,000 hommes, & qu'il ne vous en reste que 45,000, vous ne devez pas vous décourager du tout, parceque vous avez cent reſſources pour vous revancher de l'affront que vous venez d'eſſuyer: quarante cinq mille hommes bien menés en valent plus que 60,000 ſous un Général médiocre.

S'il ne vous reſte que 30,000 hommes contre 60,000, dont nous ſuppoſons les forces de vôtre ennemi, vôtre cas devient plus embaraſſant, & il vous faut ſans doute beaucoup plus d'art pour éviter quelque fàcheuſe malrencontre. Il eſt impoſſible qu'avec vos 30,000 hommes, vous puiſſiez rétablir une eſpèce d'égalité entre les deux armées: ſi vous détruiſez même un détachement de 10,000 hommes à l'ennemi, vous lui demeurerez toujours inférieur d'un nombre trop conſidérable de troupes, pour parvenir à lui donner la loi, à moins que le Général, qui vous eſt oppoſé, ne ſoit le plus inepte & le plus imbécile des hommes.

Il ne vous reſte donc qu'à prendre des poſtes inexpugnables partout où il y en a, à vous conſerver ſurtout les iſſues & les derrieres libres, à faire la guerre d'un partiſan plutôt que d'un Général d'armée, à changer de poſte au beſoin, & à la première mine que l'ennemi fait de vous attaquer, à faire une guerre d'oſtentation plutôt qu'une guerre réelle, à vous procurer tous les petits avantages que vous pourrez, pour vous faire refpecter & pour modérer la fougue de l'ennemi, enfin à tirer parti de tout ce, que vôtre induftrie, votre imagination & les reffources de vôtre efprit vous fourniront de moyens & d'expédients pour vous foutenir.

Les détachements que l'ennemi eft en état de faire, font ce qu'il y a de plus fâcheux pour de petits corps: s'ils y oppofent un détachement de leur petite armée, il ne pourra pas lui réfifter, & en même tems ils s'affoibliffent encore d'avantage; s'ils n'y oppofent rien, ils rifquent de fe voir coupés de leurs vivres ou de leurs communications. Il vaudroit mieux, fi ce détachement de l'ennemi fe trouvoit à une bonne diftance de fa grande armée, lui tomber fur le corps avec tout vôtre camp, afin de le battre & d'intimider pour la vôtre adverfaire.

Toutefois il faut convenir que cette pofition eft fâcheufe & défagréable pour un Général qui s'y trouve, & qu'il doit redoubler d'activité, de vigilance, de préfence d'efprit, & s'il peut, d'induftrie, pour s'en tirer à fon honneur; mais dans le premier cas, que j'ai propofé, où il vous

reſte 45,000 hommes contre 60,000, les difficultés ne ſont point à beaucoup près auſſi conſidé-
rables, parceque ſi vous n'avez pas aſſez pour
attaquer les autres, il vous reſte du moins aſſez
pour vous défendre. Souvent l'ennemi, après
quelques avantages qu'il vient d'avoir, devient
préſomptueux, il ſe croit ſûr de ſa fortune, il
méprise le vaincu, & il ſe néglige, il ne traite
plus la guerre qu'en bagatelle, il ne ſe croit plus
dans le cas de ſuivre rigidement les règles de
l'art, il ſe détermine ſans réflexion, il agit à la
légère, & il vous fournit lui-même les occa-
ſions, que vous ne devez pas laiſſer échapper,
pour regagner ſur lui l'aſcendant qu'une journée
malheureuſe vous a fait perdre. Si vous vous
appercevez que la ſécurité endort l'ennemi, c'eſt
à vous de l'augmenter, car elle eſt le précurſeur
des déſaſtres qui l'attendent; enfin tendez lui des
piéges de toutes les manières, pour que s'il ne
tombe pas dans les uns, il n'échappe pas aux
autres.

Feignez de vouloir vous retirer devant lui,
tâchez de lui faire faire quelque faux mouvement, & profitez ſans perte de tems de ſes moindres négligences. Si vous êtes plus foible que

l'ennemi, & que vous attendez des secours, vous commettriez une imprudence impardonnable, si vous hasardiez la moindre entreprise, avant que ces secours vous eussent joint, car vous risquez de perdre par vôtre impatience les avantages, que ces secours vous procureroient sûrement, si vous leur donniez le tems de vous joindre. Ce n'est donc que dans des cas pareils, où le Général doit se restraindre à la défensive, selon la rigidité du terme.

Résumons donc à présent les maximes générales, que nous venons d'établir, pour les différents genres de guerre dont nous venons de parler, afin d'avoir en racourci des règles pour les projets de campagne, selon les situations où l'on se trouve.

1.) Quiconque veut entreprendre une guerre, doit se procurer une connoissance exacte de la force de l'ennemi qu'il va combattre, & des secours qu'il peut tirer de ses alliés, afin de comparer ses forces aux siennes, & de juger de quel côté se trouve la supériorité.

2.) Il faut connoître exactement la nature du pays, où l'on veut porter la guerre,

pour régler, conformément fur ces connoiffances, les détails de l'expédition que
l'on veut entreprendre.

3.) L'on aura la plus grande attention aux
vivres, dont on aura befoin pour cette campagne, on ne fe bornera pas à les amaffer,
mais on penfera d'avance aux moyens de faciliter leur tranfport, parçeque l'on n'exécute rien avec la plus floriffante armée, fi
elle manque de nourriture.

Ces règles générales font pour tous les genres de guerre poffible: en voici de particulieres
pour la guerre offenfive.

1.) Que vos deffeins tendent à un grand but;
n'entreprenez cependant que des chofes pof-
fibles, & rejettez les chimériques. Si vous
n'êtès pas affez heureux de mener un grand
projet à fa perfection, vous irez cependant
beaucoup plus loin que ces Généraux qui,
agiffant fans deffein, font la guerre du jour
à la journée. Ne donnez des batailles
qu'autant que vous pourrez efpérer que leur
fuccès fera decifif & ne livrez pas bataille
pour vaincre l'ennemi feulement, mais pour

exécu-

exécuter les fuites de votre projet, qui fe feroit trouvé arrêté, à moins de cette décifion.

2.) Ne vous flattez jamais, mais repréfentez-
vous, avec force, toutes les oppofitions
que l'ennemi pou ra mettre à vos deſſeihs,
afin que jamais rien ne vous furprenne, &
qu'ayant tout prévu d'avance, vous ayez
déjà des remèdes préparés pour tous les cas.

3.) Connoiffez le génie des Généraux auxquels
vous aurez à faire, pour mieux deviner
leurs actions, pour favoir leur en impofer,
& de quels piéges il vous convient de vous
fervir envers eux.

4.) Que l'ouverture de votre campagne foit
comme une énigme pour l'ennemi, qui l'empêche de deviner de quel côté tomberont vos
forces, & quel deſſein vous méditez.

5.) Tâchez, en toute occafion, de faire des
mouvements & des entreprifes auxquelles
l'ennemi ne s'attend pas: c'est le plus fûr
moyen d'avoir des fuccès.

Guerre entre Puiffances égales.

1.) Plus vous employez de ftratagêmes & de
rufes, plus vous aurez d'avantages fur l'ennemi; il faut le tromper, & l'induire en
erreur pour profiter de fes fautes.

2.) Ayez toujours pour maxime de changer, sitôt que l'occasion se présente, la guerre en offensive de votre part: c'est où doivent tendre toutes vos manoeuvres.

3.) Pensez à tout le mal que l'ennemi vous peut faire, & prévenez-le par votre sagesse.

4.) N'attaquez point l'ennemi quand il est en règle, mais profitez sans perte de tems de ses moindres fautes: qui laisse échapper l'occasion, n'étoit pas digne de la saisir.

5.) Profitez des batailles gagnées, poursuivez l'ennemi à outrance, & poussez vos avantages aussi loin que vous pouvez les étendre; car ces événements heureux ne sont pas communs.

6.) Dérobez tout ce que vous pouvez à la fortune par votre prévoyance; elle ne conservera encore que trop d'influence dans les opérations militaires; il suffit que votre sagesse partage avec le hazard.

7.) Pour gagner des avantages sur l'ennemi, vous pouvez vous procurer, tant par la guerre de parti, qu'en lui battant ses escortes, en enlevant ses vivres, en surprenant ses magazins, en battant souvent ses partis, en détruisant quelqu'un de ses détachements, en battant fon arrière-garde, en l'attaquant en marche, enfin en engageant une affaire avec lui s'il eft mal pofté, & encore en furprenant fes quartiers d'hyver, & en tombant fur fes poftes, s'il n'a pas pourvû à la fûreté de fes cantonnements.

Pour la guerre défenfive, voici en gros ce qu'il faut obferver.

1.) Propofez-vous de mettre toutes vos reffources en oeuvre pour changer la nature de cette guerre.

2.) Prévoyez tout ce que l'ennemi peut projeter de plus nuifible contre vous, & (efforcez) étudiez-vous à trouver des expédients pour éluder fes deffeins.

3.) Choififfez des camps inexpugnables, & qui puiffent contenir l'ennemi, par les jaloufies qu'ils lui donnent fur fes derrières, au cas qu'il change de pofte, & couvrez bien vos propres magazins.

4.) Accumulez beaucoup de petits avantages, qui tous réfumés équivalent aux grands.

Tâchez de vous faire refpecter de l'ennemi, pour le contenir par la crainte de vos armes.

5.) Que tous vos mouvements foient bien cal-

culés; & obfervez à la rigueur les maximes
& les règles de la tactique & de la caftra-
métrie.

6.) Si vous avez des avantages, tirez en tout
le profit poffible, & puniffez l'ennemi de
fes moindres fautes, comme fi vous étiez
fon pédagogue.

Si vous êtes fur la défenfive, après une bataille perdue,

1.) Que votre retraite foit courte. Il faut rac-
coutumer vos troupes à voir l'ennemi en
face, les enhardir peu-à-peu, & attendre
le moment de venger votre affront. Ufez
de rufes, de ftratagêmes, de fauffes nouvel-
les que vous donnez à l'ennemi, pour ame-
ner l'heureux moment de lui rendre avec
ufure le mal qu'il vous a fait.

Si vous êtes de moitié moins fort que l'ennemi,

1.) Faites la guerre en partifan; changez de
pofte quand la néceffité l'exige.

2.) Ne détachez aucun corps de vos troupes,
car vous vous feriez battre en détail; n'a-
giffez qu'avec toute votre maffe.

3.) Si vous pouvez vous porter fur la communication de l'ennemi fans hazarder vos magazins, faites - le.

4.) Que l'activité & la vigilance veillent jour & nuit à la porte de votre tente.

5.) Penfez plus à vos derrières qu'à ce que vous avez en avant, pour ne point être enveloppé.

6.) Raffinez fans ceffe pour inventer de nouveaux moyens & des reffources pour vous foutenir; changez de méthode pour tromper l'ennemi; vous ferez fouvent obligé de faire la guerre d'oftentation.

7.) Battez & ruinez l'ennemi en détail, pour peu que cela foit poffible, mais ne vous commettez pas à une bataille rangée, parceque votre foibleffe vous feroit fuccomber; gagnez du tems, c'eft tout ce qu'on peut prétendre du plus habile Général.

8.) Ne fuyez point vers des lieux où l'on peut vous enfermer; & fouvenez - vous de Pultawa, fans oublier Stade.

D'une armée fur la défenfive qui attend des fecours.

1.) Vous hazardez tout en vous engageant en quelque entreprife, avant la jonftion de vos forces, qui vous rendront fûrs de ce que vous voudrez entreprendre, quand elles vous auront jointes. Ainsi il faut vous resserrer, dans l'intervalle de leur marche, dans la sphère de la plus rigide défensive.

Vous voyez par cet exposé, combien les connoissances d'un vrai Général doivent être variées : il faut qu'il ait des idées justes de la politique pour être au fait de l'intérêt des Princes, des forces des états & de leurs liaisons, pour savoir le nombre des troupes, qu'eux & leurs alliés peuvent mettre en campagne, & pour juger de l'état des finances.

La connoissance du pays où il doit porter la guerre, sert de base à tous les projets qu'il veut former ; il doit avoir la force de se représenter tous les obstacles que l'ennemi peut lui opposer, pour les prévenir d'avance. Il faut surtout qu'il accoutume son esprit à lui fournir une foule d'expédients, de moyens & de ressources en cas de besoin : tout cela demande de l'étude & de l'exercice.

Pour quiconque se destine au métier de la guerre, la paix doit être un tems de méditation, & la guerre l'époque où il met ses études en exécution.

MÉMOIRE RAISONNÉ

DU

DUC DE BRUNSWIC

TOUCHANT

LA CAMPAGNE 1792.

Le *Mémoire raisonné du Duc de Brunswic,* que nous joignons aux *Réflexions de Fréderic II.* sur les projets de campagne, nous paroît d'un grand intérêt historique & politique. Il servira un jour à faire le parallèle entre ces deux hommes mémorables, dont le génie bienfaisant de l'un a élevé la Prusse au faîte de la grandeur & dont le génie malfaisant de l'autre a tant contribué à sa perte.

LETTRE
à MR. DE BISCHOFFSWERDER
à BERLIN 1792 ce 19 FEVRIER.

(l'Original eft parti par Eftaffette le 19 vers minuit.)

Voici la note que j'ai dreffé par ordre du Roi, j'ignore fi j'ai rencontré fes idées, c'eft fon ouvrage, je n'ai fait qu'étendre les indications qu'il a daigné me donner. *Ce ne fera que lors que nous ferons arrivés fur la Meufe que les circonftances décideront du parti à prendre ultérieurement, &* vous sentez mieux que moi, *combien les difpofitions dans l'intérieur de la France,* & le plus ou moins de facilités que l'on trouvera à s'emparer de quelques places influeront fur le refte des opérations. Il feroit important de faire publier un avertiffement aux gardes nationales comme quoi la guerre ne fe faifoit point à la nation, que l'on n'en vouloit point à leur liberté, ni à leurs conftitution, mais que l'on exigeoit le redreffement

des Infinuations faites aux Princes de l'Empire pof-
feffionnés en Alface. *L'article des indemnifations
conduira à de grands embarras, fi l'on n'engage
l'Empereur de donner les mains aux affaires de la
Pologne*, je préférerois cependant des arrange-
ments en Pologne, à toute vue de conquête en
France, qui dénatureroit tout l'efprit, dans lequel cette guerre va s'entreprendre, mais il im-
porte de s'expliquer clairement avec l'Empereur.

MÉMOIRE ENVOYÉ
AU GÉNÉRAL DE BISCHOFFSWERDER
EN DATE DE BRUNSWIC CE 19. FÉVRIER 1792.

Si les armées françoifes n'étoient pas totalement déchues de toute difcipline, fi elles n'étoient pas défunies de principes, fi les Officiers qui y étoient autrefois, fe trouvoient encore à la tête des corps, fi enfin ces armées étoient toutes conduites par des Généraux habiles & expérimentés, & fi l'on alloit faire la guerre à la *monarchie de la France même*, au lieu de la faire *au parti actuellement dominant en France*, il n'eft pas douteux qu'il fe préfenteroit des difficultés innombrables pour réuffir & que pour les vaincre il faudroit certainement *des efforts bien plus confidérables que ceux que les puiffances alliées paroiffent déterminées d'y confacrer.* Mais dans l'état actuel des chofes où la France eft dépourvue de fes meilleures têtes & de fes meilleurs militaires, où la défunion règne dans toutes les claſſes, où le diſcrédit s'accroît de jour en jour, il eſt certain que les choſes ne ſont pas les mêmes.

Il ſera cependant de l'intérêt des puiſſances alliées après avoir établi le concert le plus parfait entre elles de ne point trop ſe flatter des facilités que les Émigrés prétendent faire entrevoir & de ſe convaincre que le ſeul moyen de donner ou un poids déciſif aux négociations ou une prépondérance marquée dans les opérations de guerre, ſera de faire dès les premières démarches les efforts qui ſeront jugés poſſibles, analogues à l'effet que l'on ſe propoſe & qui ſeuls enfin pourront accélérer la déciſion d'une entrepriſe qui ſemble être d'un genre à ne point admettre des longueurs & qu'il importeroit de décider le plus promptement que poſſible, vû que les événements qui peuvent ſurvenir ſont incalculables & que les têtes dont le ſort de la monarchie françoiſe dépend actuellement ſont d'un genre à en attendre les partis les plus extraordinaires.

L'on peut admettre ſans trop ſe tromper que les armées de France ſont à evaluer à-peu-près, ſans compter les troupes nationales, à 150 mille hommes effectifs; ces armées feront divifées felon tous nos rapports en trois parties égales.

L'armée en Flandres que l'on dit la mieux compofée en troupes & la mieux commandée, fe raffemblera en cas de guerre aux environs de Lille; celle des Evêchés prendra une pofition derrière la Moselle entre Metz & Thionville ou au camp de Sirque, et celle de l'Alsace se raffemblera foit entre Strasbourg et Schletftadt, ou entre Strasbourg & Haguenau, peutêtre auffi fur les montagnes qui dominent Saverne, en jettant de fortes garnisons dans les places.

Les armées de S. M. Impériale paroiffent deftinées d'agir en partie en Flandre, & dans le Brisgau tandisque l'armée de Pruffe prendroit une direction intermédiaire appuyée par quelques troupes des Princes de l'Empire.

L'Armée Impériale en Flandre dont on ignore la force exacte, fe raffembleroit peutêtre fur la Sambre, ou bien, entre la Sambre & la Meufe.

Il ne fera pas hors de propos de faire remarquer ici, qu'il femble qu'il feroit utile de rendre cette armée affez confidérable pour couvrir Bruxelles par un corps d'obfervation qui feroit peutêtre le mieux placé entre Ath & Leslines,

& de pouvoir encore en détacher 6 ou 8 mille hommes pour passer les Ardennes & prêter la main à l'armée Prussienne lorsque celle-ci pénétreroit dans le Luxembourg pour se porter sur la Meuse; cette partie de l'Armée Impériale, qui resteroit entre la Sambre & la Meuse, y construiroit des retranchements & attendroit l'approche des Prussiens dans le Luxembourg & l'effet que ce mouvement produiroit sur l'armée françoise en Flandre, si celle-ci ne l'obligeoit à un ou autre mouvement impossible à prévoir.

Pour contenir les Brabançons l'on ignore si l'on ne pourroit engager la République d'Hollande à jeter quelques bataillons des troupes subsidiaires Allemandes dans Anvers & peutêtre que quelques bataillons de la garnison de Wesel pourroient s'approcher du Brabant pour concourir à tenir l'ordre dans le pays & pour faciliter à S. M. Impériale d'employer toutes ses troupes contre la France.

L'Armée Prussienne s'assembleroit à Coblence & aux environs, établissant les quartiers des troupes Hessoises, si l'on pouvoit les avoir, en troisième ligne.

La destination de cette armée seroit de passer

le

le Rhin à Coblence & de remonter la Moſelle, ſoit ſur la rive droite ou ſur la rive gauche, jusqu'à la hauteur de Trêves, d'où elle entreroit dans le Pays de Luxembourg. Comme par ce mouvement elle depaſſe les places de Metz et de Thionville & tourne le Camp de Sirque, il eſt probable que ſi l'armée françoiſe ne prend point le parti de s'avancer à la rencontre des Pruſſiens elle laiſſera de fortes garniſons dans ces deux places & prendra des poſitions pour couvrir le pays Mezin & l'entrée de la Lorraine telles que la poſition derrière l'Orne entre Conflans & Richemont.

Comme il ſera dit enſuite que l'on ſuppoſe que les Pruſſiens auront pu établir des magazins à Luxembourg, ils ſe trouveront par-là à même ſoit de s'avancer ſur l'armée françoiſe qui étoit ſur la Moſelle, ou bien ils tacheront de la déporter par des mouvemens ſur la Meuſe compaſſés avec le détachement des troupes Imperiales qui s'aprochera d'eux par les Ardennes afin de ſe porter ſur la Meuſe dans la partie de l'un ou au deſſus de cet endroit.

Les troupes de Heſſe ſeroient deſtinées à couvrir les communications d'abord depuis le Rhin

jusque vers Trèves & enfuite à prendre des po-
fitions dans le Luxembourg que l'on retranche-
roit pour obferver les garnifons de Thionville
& de Metz tandis que l'armée s'avanceroit fur la
Meufe.

Il ne paroit guerres probable que l'armée
françoife affemblée à Lille demeurera tranquille
dans la pofition durant ces mouvemens, il eft
plutôt à croire qu'elle s'approchera de la Meufe,
foit pour fe joindre à l'armée qui étoit d'abord
fur la Mofelle, foit pour foutenir les places fur
la Meufe & pour défendre le paffage de la rivière aux Pruffiens & ce feroit alors l'époque
où les Armées Imperiales en Flandre pourroient s'avancer foit fur la rive droite, foit fur
la rive gauche de la Meufe pour tendre la
main aux Pruffiens, leur faciliter le paffage
de la Meufe & après leur jonction de tenter
quelque entreprife fur l'armée ennemie même,
fi les circonftances le permettoient. Il n'eft
pas douteux que de la part des Pruffiens tous
les moyens feront employés pour empêcher
la jonction des armées françoifes de la Mofelle
& de Flandre; mais au cas que cette jonction
ne pouvoit être évitée, *la préparation du rapro-*

*chement de l'armée Impériale à celle de Pruſſe de-
viendroit de toute néceſſité.*

Ce ſera des ſuccès que l'on aura dans cette
époque, des facilités que l'on rencontrera de
s'emparer de l'une ou de l'autre des places ſur la
Meuſe que dependra du plus ou moins la réuſſi-
té de la campagne.

L'Armée Impériale qui s'aſſemblera dans le
Brisgau ſemble pouvoir exécuter deux projets
différens dont le choix paroit dépendre entièrement des combinaiſons politiques.

Si la Cour Impériale eſt ſûre que les Suiſſes
accorderont le paſſage aux troupes Autrichien-
nes, l'on pourroit prendre le parti, en partant
des cantonnemens de Fribourg de paſſer le Rhin
à Rheinfeldt ou tout près de Basle couvert par
la rivière de Birſig qui ſe jette ſur la rive gauche au deſſus de Basle dans le Rhin & laiſſant
un corps de troupes à portée de Basle retranché
derrière la Birs, autre rivière qui ſe joint au
Rhin dans Basle même, l'armée s'avanceroit
après avoir paſſé la Birſig vers Colmar comme
ſi cette place pourroit ſe rendre ſans reſiſtance ou
bien ne pas ſe défendre avec vigueur; mais comme les fortifications en ſont très-bonnes en elles

mêmes, quoique la place soit petite, il vaudroit mieux ne pas s'y attacher que de la tenter sans être moralement sûr du succès, & en ce cas l'on pourroit prendre une position affez avantageufe non loin de Montbeillard d'où l'on poufferoit des parties en Franche-Comté pour attirer l'attention de l'ennemi vers cette province & pour repandre l'allarme le plus loin que poffible. L'on engageroit vraifemblablement par cette position l'armée ennemie à fe rapprocher de Beford & peutêtre à détacher pour couvrir la Franche-Comté, & ce feroit alors fi l'ennemi détachoit en force une occafion propice pour le combattre avec fuccès. Si Beford s'étoit rendu nous aurions l'avantage de pouvoir y faire un établiffement de vivres & de donner à l'ennemi des jaloufies fur la Lorraine en nous portant en avant de Beford dans la partie des Vosges audeffus de la Vallée où la Moselle prend fa fource.

Les mouvemens de l'armée ennemie & l'influence que ceux que nous ferons fur la Baffe-Moselle pourront avoir sur elle décideront des mouvemens ultérieurs de l'Armée Impériale.

Si contre toute attente les Suiffes refufoient le paffage & que l'entrée dans la Haute-Alface devint par-là inexécutable, l'on pourroit paſſer le Rhin près de Manheim ſe couvrir & prendre des poſitions ſur le Speierbach, s'allonger en echellon ſur Kaiserslautern & voir l'effeẻt que cela produiroit ſur l'ennemi. S'il reſtoit dans ſes poſitions l'on pourroit avancer un détachement par Deux-Ponts ſur la Saar ſoit ſur Saarbruck ou ſur Saarlouis pour menacer cette place, ce qui diviſeroit l'attention de l'armée françoiſe ſur la Moſelle & engageroit peutêtre l'armée d'Alſace à y faire pareillement des détachemens. C'eſt de ces détachemens que l'on chercheroit à profiter ſoit pour accabler avec une ſupériorité decidée un de ces détachemens ſoit pour attaquer le gros de l'armée ennemie après avoir fait rejoindre les détachemens qu'on avoit pouſſés ſur la Saar. L'objet principal de cette armée ſeroit, quelque parti qu'elle prenne de contenir l'armée ennemie en Alſace, de l'empêcher de ſe joindre à celle de la Moſelle, de prendre des poſitions ſûres pour ne jamais ſe trouver dans le cas d'être forcé à combattre, de diſtraire l'attention de l'ennemi, de l'engager à faire des détachemens & de tacher alors de tomber ſur l'un ou l'autre avec ſupériorité pour le détruire.

Il feroit à fouhaiter que le Roi de Sardaigne pût fe determiner à envoyer de fes troupes, ne fut-ce que pour donner des jaloufies vers Pont Beauvoifin, il forceroit les ennemis à lui en oppofer fous quoi il pourroit avancer impunément des détachemens fur Lion. Dans ce cas les Suiffes pourroient occuper avec un corps de leurs troupes les paffages principaux du Mont Jura en Franche-Comté & principalement le paffage de Pontarlier à Neufchâtel.

Il en eft de même de l'Espagne qui avec 10 à 12 mille hommes dans les Pyrenées y attireroit des troupes françoifes & diviferoit l'attention de l'ennemi.

Quant aux arrangemens des vivres il paroit que l'armée impériale en Flandre établiroit fon magazin principal à Namur & qu'il y auroit des depôts à Bruxelles & à Ath pour les befoins du corps d'obfervation. A Luxembourg l'on établiroit un magazin de farines & d'avoine pour l'armée Pruffienne pour fix femaines ou moins. Les magazins de l'armée Pruffienne fe formeroient à Giefsen, à Frankfort fur le Mein, à Mayence & à Coblence; par cet arrangement l'on exciteroit vraifemblablement moins d'attention qu'en les portant fur un point, mais comme ils feroient tous placés fur des rivières on les feroit arriver par eau à Coblence dès l'arrivée de l'armée Pruffienne.

L'armée Impériale dans le Brisgau trouvera probablement fes premiers magazins de farine & d'avoine à Fribourg, elle feroit fes magazins en Suiffe & les feroit defcendre le Rhin à Rheinfeld & Basle, fi l'opération en Haute-Alface pouvoit avoir lieu; fi en revenge l'on préferoit par une ou autre raifon l'autre opération qui conduiroit vers le Saar l'on feroit fes magazins fur le Neckar & les feroit fucceffivement arriver à Manheim lors de l'arrivée des troupes impériales.

Brunswic ce 19. Février 1792.

(Signé)   CHARLES
Duc de Brunswic,

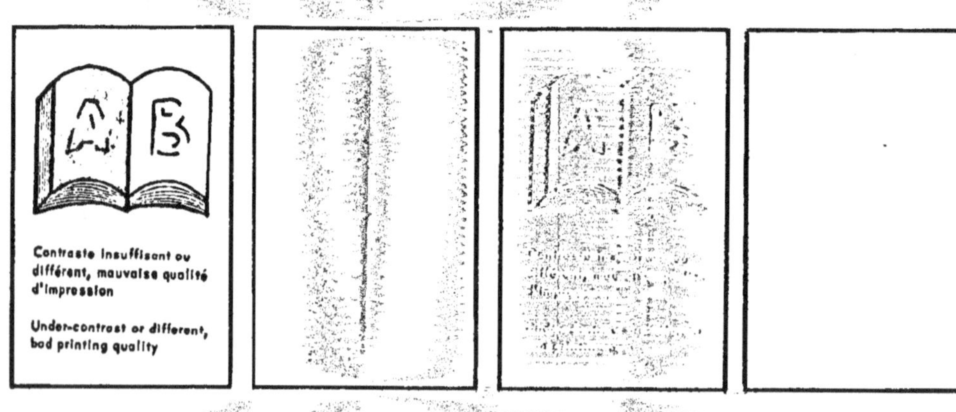
Contraste insuffisant ou différent, mauvaise qualité d'impression

Under-contrast or different, bad printing quality